Simone Nascimento

ESSA SOU EU....

E VOCÊ QUEM É?

Resgatando minha Identidade

Perdida no Percurso da vida.

1ª Ediçao. Auto Publicação. Irará-Ba, 2020

Contatos para Ensino, Palestras entre outros eventos.

(71) 99350-2522 zap e tel.

E-mail :simonenascimentojus@gmail.com

Agradecimentos

Sou grata a Deus Pai, Deus Filho e Deus Espirito Santo, porque Dele, por Ele e para Ele, são todas as coisas.

Agradeço por aqueles que acreditaram na minha superação como pessoa e também aqueles que de alguma forma duvidaram, porque direta ou indiretamente todas as pessoas que passaram na minha vida, contribuíram para que me tornasse a mulher que hoje sou. Obrigado.

Dedicatória

Dedico este livro a todas as mulheres que conseguiram se destacar nas suas gerações, mostrando para as demais, que somos muito mais fortes do que pensamos.

Também aquelas que ainda não descobriram quão forte são, mas dentro das suas limitações, tem superado a cada dia a difícil arte de viver.

As pessoas viajam para admirar a altura das montanhas, as imensas ondas dos mares, o longo percurso dos rios, o vasto domínio do oceano, o movimento circular das estrelas e, no entanto, elas passam por si mesmas sem se admirarem.

Santo Agostinho

PREFÁCIO

SURPREENDENTE!!

É o que a leitura deste livro se torna a cada linha.
Simone, consegue nos envolver em cada palavra e relato.

Eu a conheci em uma época difícil e os prognósticos naturalmente falando não apontavam para nenhuma mudança ou solução, no entanto a boa mão do Senhor foi agindo, encontrando um coração disposto para mudar ainda que não soubesse como.
Mas ela conseguiu.

A leitura deste livro, cada palavra, impressiona e cativa. Poder constatar uma transformação tão poderosa de alguém que conheci, tão insegura, que mendigava aceitação e vê o que tem se tornado, é gratificante.

Nas páginas deste livro vemos o desabrochar de uma mulher que lutou, se resgatou, se descobriu, que se ama, se valoriza, se permite ser feliz, independente de.

A cada linha vamos nos identificando com Simone, o que nos leva a refletir: Em que estágio estou?
Fico feliz em ver que todos esses processos e desejo de mudança, fizeram desabrochar essa mulher madura, equilibrada, resoluta e determinada a ser o que Deus a criou para ser.

Rosangela Prazeres
Formada no Centro de
Treinamento Bíblico, Rhema
Brasil, Funcionária Pública da
área de saúde. Mentora Espiritual
da autora.

A vida, viver a Vida, Ser na vida, que grande e complexo desafio!

A compreensão de si enquanto potência são fatores essenciais para a superação que a vida impõe, sobretudo levando sempre em consideração a sociedade em que vivemos, bem como a cultura daqueles que nos permeiam.

Simone Nascimento, mulher de origem simples, mãe solteira, com três filhos compartilha neste livro, suas experiências e descobertas para superação dos obstáculos e transformação da vida.

Algo importante e inevitável para todos nós habitantes do planeta terra, por conseguinte apresenta ao leitor caminhos que norteiam suas próprias decisões, a partir da autoanálise dos erros e acertos e da certeza que a transformação é um processo possível e necessário para seguir a vida.

Sempre atento ao que posso ser a partir do agora.

Observa que o agir, é algo próprio peculiar que deve ser mensurado sempre de forma positiva sobre pena de não colher frutos se for de outra forma conduzido.

O livro brinda o leitor com um exemplo valoroso de garra e de luta pelo que acredita, quando ela cita a experiência de Nelson Mandela, que se tornou uma referência em termos de liderança no âmbito racial para construção da igualdade de direitos de sua nação.

Despertar esse poder de alcançar seus objetivos é inspirador a leitura deste livro remete a elucidação dessas questões e a confiança do que você precisa em relação a sua identidade, a coragem e a certeza de que o que não lhe matou te deixou mais forte.

Girlene Santana.
Funcionária Pública da
Justiça, Graduada em
Filosofia, Pôs Graduada
em Metodologia do ensino
Superior e Ideologia de
Gênero,
Raça e Etnia. Amiga e
Inspiração para autora.

SUPERAÇÃO

O que dizer de Simone mulher inteligente corajosa batalhadora e o mais importante na minha opinião mulher temente a Deus.

A qual aos olhos humanos nasceu para não dar certo, veio de uma família totalmente desajustada sem nenhuma perspectiva de vitória, mas o que Deus tinha para Simone era muito mais, então com muita sabedoria ela resolveu mudar a sua história.

Foi estudar e buscar direção de sua vida em Deus e até aqui, Ele tem a ajudado, conseguiu sua graduação em Direito e Tem se tornado uma pessoa cada dia melhor no quesito profissional, e em todas as áreas de sua vida.

O que eu tenho a dizer é: Parabéns Simone pelas Conquista, Que Deus continue te direcionando em tudo.

E para confirmar a boa mão de Deus sobre ela, Agora Simone nos apresenta um livro onde ela encoraja as mulheres a sair do anonimato e entrar em uma nova dimensão. É um livro cativante você vai gostar de ler, muito interessante.

Maria Elisabel

Serva do Senhor, Missionária, esposa dedicada

Amiga e Mentora espiritual da autora.

Apresentação

Este livro nasceu de uma transição significante que passei após os meus 40 anos, ele tem a proposta de mostrar ao caro leitor, a importância da autenticidade, assim como provocar em cada pessoa, que a esta obra tiver acesso, o desejo violento de enfrentar qualquer obstáculo, por mais delicado que pareça, para se tornar tudo aquilo que nasceu para ser.

Tirar as máscaras que a necessidade de aceitação nos convence a usar, e só então, poder desbravar o mar do autoconhecimento, até encontrar a verdadeira identidade. O desafio de ser incomparável e original.

INTRODUÇÃO

Viver é um desafio que se inicia e finaliza com lágrimas. Nascer já é uma grande batalha vencida, porque houve a questão da fecundação, vencer a grande corrida até o óvulo, sobreviver à espera da gestação, o incômodo de crescer, condicionado a uma bolsa de água e pôr fim a brilhante saída para um mundo totalmente desconhecido.

E como todo esse processo eclético não bastasse, tomamos logo uma palmada do médico, que significa " seja bem-vindo a vida".

O que fazemos nesse intervalo entre o nascer e o morrer, é decisão exclusiva nossa, é uma responsabilidade intransferível, considerando sem dúvida, a nossa infância e a total dependência dos nossos pais, até um certo período da vida, no qual não temos muito poder de escolhas. Porem passando disso, quando já conseguimos discernir entre o certo e o errado, já começa a responsabilidade das escolhas, e quanto menos errarmos, a partir deste momento, menos choraremos e nos arrependeremos.

É também nesse momento, que começamos a nos aceitar ou a nos esconder de quem somos, para que os outros nos aceitem.

Chorar, lamentar ou celebrar, qual será a frequência desses acontecimentos na nossa vida? Nós decidimos. E isso não depende do contexto em que se deu a nossa história, a justificativa de que nascemos numa família pobre, por isso continuamos pobres na fase adulta, ou de termos uma família inexpressiva quanto aos seus sentimentos, por isso reprimimos o que sentimos, não se mantem por muito tempo, uma vez que, esses fatos, com certeza interferem no nosso processo de construção de caráter, sem com isso, definir por completo como será a nossa vida e a nossa essência.

No início das nossas vidas, somos de fato, muito inocentes, o que chamo de Alice no país das maravilhas, para umas pessoas, esse período é mais longo, outras entendem logo que a vida é uma selva, salve-se quem puder.

O maior desafio começa na nossa própria família, onde recebemos rótulos e repressões abertamente, onde nos cabe decidir, se nos submetemos e entramos na fôrma que fizeram para nos colocar, segundo o que pensam sobre nós, que nesse caso, pode ser próximo ao que de fato somos, ou totalmente errado, como os parentes de Jesus, que foram os que menos creram Nele.

Aqui nasce o grande desafio de lutarmos para sermos original, custe o que custar, ou se calar e entrar na fôrma das opiniões e classificações externas que criaram ao nosso respeito, tipo: Esse aí é lerdo, é burro, não vai muito longe, etc.

O que fazemos com isso! Sentamos e choramos ou provamos que todos estavam errados superando a nós mesmos.

Sair do mundo da fantasia é doloroso, mas vital. Chama-se maturidade forçada.

Depararmos com as injustiças externas, somados aos conflitos interiores, desencadeiam sentimentos e atitude, que dependera de muito equilíbrio para não nos prejudicar além da conta. Essa fase acontece muito na adolescência e juventude, embora alguns indivíduos prolonguem um pouco esse tempo, insistindo em não amadurecer.

É um momento da vida onde questionamos tudo, principalmente as maldades que fazem conosco, essa fase é muito propícia para mascararmos quem de fato somos, no afã de sermos aceitos e muitas vezes nos perdemos de nós mesmos.

No decorrer da nossa história nos deparamos com situações que nem imaginamos sermos capazes de lidar, contudo, são essas situações que externam a força e a capacidade outrora escondida, tímida que já estavam em nós.

O mundo é formado por um conjunto de fatores, e até a pessoa mais incrédula, há de convir que o mundo espiritual existe, e dar crédito a esta verdade, permitir que uma força do alto nos sustente no processo de viver. Reconhecer o mundo espiritual e entender que necessitamos da Graça de Deus para passarmos por essa vida, fará toda a diferença, no final da jornada, assim como no trajeto, para que a vida, realmente faça sentido, sozinhos é muito mais difícil, quando não impossível.

O cansaço em algum momento da vida é natural, seja físico, psicológico ou emocional, esse momento chega.

Ele agrava-se quando não gostamos do que fizemos da nossa vida, os nossos fracassos, os lups (falha de sistema, que impede os aparelhos ligarem, ficam só na tentativa vã e sem êxito) que vivemos, ou seja, situações que se repetem por anos, ciclos que não findam.

Outras situações que nos traz cansaço emocional é ver pessoas que amamos como filhos, familiares em geral, tomando caminhos perigosos diferentes do que tentamos ensinar ao longo da vida. A sensação de fracasso, acarreta o cansaço.

Descobrir a nossa identidade, quem de fato somos, sem nos preocupar com a aceitação é o auge que uma pessoa pode chegar na vida. Infelizmente o medo de não sermos aceitos, por vezes nos impede, ou no mínimo, nos retarda esse confronto pessoal por muito tempo.

Para algumas pessoas, serem o que esperam que elas sejam, é tão necessário e vital, que elas já nem sabem quem de fato são, se perderam no processo.

O processo do resgate de identidade, é lento, porem contínuo, na verdade, é uma viagem de retorno, para dentro de si próprio, para encontrarmos, quando foi que nos anulamos, para sermos agradáveis aos olhos dos que nos observam, ou seja, auto sabotagem.

A nossa realidade atual, o mundo das redes sociais, fortalece agressivamente esse comportamento de maquiar a própria identidade, uma vez que, a nossa vida privada, se tornou pública, onde não se pode comer sem tirar uma self.

Essa exposição da vida pessoal, incentiva a criação de personagens, que estão sempre bonitas e felizes. Nos tornamos ótimos atores.

Ser autênticos no mundo sem cortinas é uma atitude no mínimo ousada, mostrar as caras, com todos os defeitos e qualidades, andar na contramão se for preciso, dizer não sem culpa e sobre tudo, dizer sim para si mesmo, deixando sair de dentro de nós, a pessoa que realmente somos, livres, lindas e autênticas.

CAPÍTULO 1

ALICE NO PAÍS DAS MARAVILHAS

> E um dia eu acreditei,
> nas ilusões da vida.
> Acreditei nos poetas,
> e acreditei nas
> fantasias. Num belo
> dia comecel a
> escrever, escrevi,
> escrevi e adormeci.
> Sonhei os sonhos
> mais lindos. Que
> pena, acordei eram
> apenas sonhos.
> Sonho e fantasias de
> uma poetisa.
> Mas eu acreditei.
>
> LaFeOli

1.1- VELHA INFÂNCIA

Sou de família simples da cidade de Salvador-Ba, a segunda irmã de cinco irmãos da parte de minha mãe e tenho mais três irmãos da parte de meu pai. Não tive uma infância muito aprazível, uma vez que minha mãe teve que nos criar sozinha, então passamos muitas privações.

Eu por ser mais velha das mulheres, acabei tendo que amadurecer um pouco mais cedo do que o natural, apesar de que, isso me ajudou muito quando tive os meus filhos, já que também criei eles sozinha e Deus.

Infelizmente tenho pouquíssimas lembranças da minha infância e como não tenho praticamente nenhuma foto dos meus 0 até os cinco anos, acredito que contribui para minha falta de memória.

Contudo, algumas coisas ficam. Lembro-me que aos 5 anos em média tentei fugir de casa, com uma amiga minha, e cheguei a começar a fuga, só que desci no lado errado da rua, o que me fez dar uma volta de mais de 2 Km, e quando me dei conta estava na rua de trás, no fundo da minha casa, exausta.

Como já não tinha mais pernas para andar, desistimos. Outra lembrança que eu tenho da minha infância que até hoje é uma característica forte em mim, foi um período que minha mãe trabalhou no cinema, e regularmente ela nos levava para assistir enquanto ela trabalhava, eu amava, e até hoje eu vou e também levo meus filhos.

Lembro-me também que amava conversar com idosos, em particular, duas mulheres que adotei por vó, Dona Buni, e vó Carmélia, que infelizmente não está mais conosco, gostava de ouvir suas Histórias e conselhos, era um diferencial que eu tinha e até hoje, aos 42 anos, continuo amando conselhos de pessoas com experiência e sabedoria.

1.2 -POR QUE ELE NÃO ESTÁ AQUI.

Meus pais se separaram quando eu ainda estava no ventre, e quando fui entendendo as coisas, me entristecia por não ter um pai presente.

Os casais normalmente quando se separam pensam mais em si próprios e não contabilizam o real dano que isso traz aos filhos, querem apenas se livrar um do outro, isso também já aconteceu comigo infelizmente.

Por incrível que pareça eu senti mais essa lacuna, na fase adulta, onde me tornei muito instável nas minhas emoções, autoestima baixíssima, achando que não podia esperar muito da vida.

No relacionamento amoroso isso agrava muito, por que associamos a figura do pai no companheiro, e esperamos dele, o que o pai nos negou.

É uma bagunça, muito difícil de arrumar.

Mas sou grata a Deus, que quando comecei a buscar em Deus esse suprimento emocional, as feridas começaram a fechar, e comecei a entender, que sim, posso ser completa, mesmo com todo abandono que sofri ao longo da minha vida.

Contudo, não posso dizer que essa separação dos meus pais, foi totalmente ruim, por quê, um dos relacionamentos que ele teve, após a separação, nasceram dois filhos, um casal, Gisele e Eduardo, dois irmãos que amo muito, um é jornalista e advogado e ela engenheira civil, temos uma afinidade maravilhosa e não só isso.

A mãe deles, Girlene, é uma grande amiga minha, nos aproximamos na minha adolescência e nossa amizade, que já dura mais de 20 anos, só cresce, ela me inspirou muito na minha vida intelectual, porque é uma mulher empoderada que se destaca na sua geração.

E por sinal, está me apoiando nesse livro, como em tantas outras coisas ao longo de minha vida, vejo-a como um presente de Deus, tanto para mim, como para meus filhos.

Também tenho outra irmã caçula da parte de meu pai, chamada Daniela que me deu um sobrinho lindo e também tenho um grande amor pela vida dela e o seu filho, dizem que parece muito comigo, também acho.

A mulher que vive hoje com ele, também tenho um enorme carinho por ela, Izabel e seu filho Brendo, sempre me trataram muito bem.

Ou seja, fui compensada e hoje, que não dói como doeu por muitos anos, olho para trás e agradeço a Deus por essas pessoas que Ele acrescentou na minha vida.

Precisamos ser assim, não focar só no que deu errado, se olharmos com carinho e atenção, veremos tesouros nos escombros de nossa vida.

A propósito, ele chama-se, Demerval Nascimento, o motivo do meu sobrenome, pelo menos isso gostei, meu nome e sobrenome e foi ele quem colocou. Ele é um homem muito inteligente, eu o amo.

Contudo nossa relação nunca foi muito sadia, sempre tentei entendê-lo, mas chegou uma hora, que decidi me entender.

Mas Deus, que é um bom Pai, providenciou um outro pai para mim, seu nome é, Manoel Getúlio, ele é meu tio e de fato, sempre fui apaixonada por ele, mas de uns meses para cá, nossa relação se intensificou de uma forma impressionante, e essa lacuna de pai terreno, de mais de 40 anos, ele completou.

Tanto ele quanto sua esposa Maria das Graças, que chamo carinhosamente de Gal, uma grande mulher de Deus, excelente esposa e mão de fada na cozinha, chega me engorda. Eles têm sido benção de Deus na minha vida. Quando estamos juntos é céu na terra.

Como não ser grata a Deus?

1.3 -PORQUE TANTA DIFICULDADE.

Eu e meus irmãos tivemos uma vida muito difícil, não foi fácil para ninguém, nem para minha mãe e nem para nós.

Faltava muita coisa, problemas financeiros, problemas de convivência, porque o fardo era pesado e a tensão era grande dentro de casa.

Eu sempre tive uma sede de Justiça e paz, acho que foi por isso que fiz o curso de Direito. Eu ia em alguns lares em outras casas e via as coisas diferentes e ficava triste porque tanta dificuldade na minha família.

Hoje entendo, e tudo isso nos fortaleceu para vencermos na vida.

Meu irmão mais velho Edson é administrador e um líder comunitário, e não para, buscando uma vida melhor para sua família e nós seus irmãos, como também para nossa mãe.

Minha irmã do meio Carla é da área de saúde, é a segunda mãe da família, pau para toda obra.

Meu irmão caçula Alex, também é da área de saúde, músico, uma figura, muito engraçado e um ser humano incrível, e a caçula Adrielle, que é da área de gestão de pessoas, uma Líder nata, uma mulher muito valente, determinada tenho-a como uma como filha.

Cada um com suas famílias lindas, meus cunhados e cunhadas que para mim são irmãos, e um monte de sobrinhos que não dá para nomear, seria uma página.

Minha mãe, chama-se Vera Lúcia, uma mulher muito talentosa, que fez o que pôde, dentro da sua estrutura financeira, emocional e espiritual, para assumir a nossa criação, só ela e Deus sabe o que passou, mas como eu disse, passou.

Tenho pedido a Deus, que ela também encontre a identidade dela, porque a luta da vida, por vezes, faz com que nos percamos da nossa verdadeira essência.

O que quero dizer é que vencemos, nós filhos e nossa mãe que teve alegria de ver o resultado do seu penoso trabalho, nenhum de nós se perdeu.

Deus foi muito bom.

1.4- A PATETA

Existe uma cena que marcou minha infância e talvez   seja um dos motivos que me fez escrever essa obra.

Foi um certo dia, que não me lembro o motivo inicial, eu tinha uma faixa de 7 anos, só vejo a cena.

Estava na frente do muro da minha casa, com um grupo de colegas de frente para mim, sentados no passeio, enquanto uma amiga que eu muito amava, e amo, falava coisas ao meu respeito, não muito boas, tipo chacota, e todos riam, ao que eu nada fazia, só ficava sem graça e inerte, deixando que eles zombassem de mim.

Aceitando aquele tratamento hostil e humilhante até mesmo para uma criança.

Essa reação que tive, é típico de pessoas que não se conhecem, então fica fácil aceitar o que dizem ao seu respeito, mesmo sendo errado.

Eu só saí do local, quando uma parente minha que hoje não está mais entre nós, me puxou pelo braço e dizendo algumas duras palavras, como: Você é abestalhada?
Me levou para casa.

E por muito tempo de minha vida, aceitei rótulos mentirosos ao meu respeito, simplesmente por não saber quem de fato eu era e o valor imensurável que eu tenho.   Por que todo ser humano é revestido de valor, mas poucos acreditam nisso.

Hoje em dia eu ainda me deparo com pessoas que tentam me rotular, segundo o seu ponto de vista, suas feridas e traumas não curados e mal resolvidos, mas não fico mais parado como se tivesse anestesiada pelas palavras.

Ao contrário eu analiso friamente a situação, vejo o que pode me acrescentar e o que sobrar, ou seja, o que for fruto de amargura ou inveja de quem falou, eu deleto e sigo em frente.

Porque não posso mas perder tempo com pessoas que ainda não se encontraram e o pior, muitas delas nem sequer sabe que se perdeu.

CAPTÍULO 2

REVOLTAS QUE NOS PREJUDICAM 

O período da minha adolescência, não tenho muito do que me orgulhar, uma vez que, cheguei nesse momento da minha vida cheia de traumas e insegurança.

A adolescência por si só, já é um momento muito delicado da vida, é necessário ter tido uma infância bem estruturada para passar por essa fase sem causar muito estrago para nossa própria vida.

Eu particularmente tive uma Adolescência marcada por revolta demonstrada em rebeldia e também em uma busca ilusória, em relacionamentos sem propósitos que tiraram mais de mim, do que me acrescentaram.

Essa fase também é conhecida, como a fase das amizades, onde todos aqueles que se aproximam ou pelo menos a maioria deles, abrimos a porta da nossa vida e do nosso coração e pior, tentamos nos parecer com eles para poder ser aceitos no grupo.

Eu me recordo que tive uma amiga no ensino médio, que fumava cigarros sem parar, ela era uma pessoa muito nervosa, já tinha dois filhos pequenos e era atrasada nos estudos.

No início de nossa amizade, lembro-me que sempre chamava a sua atenção, fulana larga esse cigarro, vai te prejudicar, mas ela não me dava ouvido.

Resultado, com três meses andando com ela, quem estava fumando era eu, não na proporção que ela fumava, mas fumando. Alguns meses depois, discutimos por uma situação que aconteceu e após essa discussão, nos afastamos e a partir daí, deixei o cigarro, ou seja, fumei por influência.   Você pode estar dizendo, você é fraca Simone, eu vou te dizer, estamos em constante processo de construção de nossa personalidade, eu ainda hoje com 42 anos, estou nesse processo, que dirás na minha juventude.

Negar que pessoas diferentes de nós, pode nos influenciar em nosso comportamento, vestes, lazer e até mesmo vocabulário é uma forma muito ingênua de se auto sabotar.

Com certeza somos seres influenciáveis, mas existe três pilares importantíssimos, que devemos ter bastante claros em nosso entendimento.

Quem eu sou, o que me define, o segundo, o que me inspira, em quem posso me espelhar e o terceiro e o último, quem, e o quê, é um exemplo a não seguir.

Tendo isso bem claro dentro de nós, vai ser muito mais difícil nos perdermos no processo.

Quando eu tive a postura de copiar o comportamento que eu antes, desaprovava, ficou claro que eu nem sabia quem de fato era e nem o que queria para minha vida.

Na verdade, isso acontece com boa tarde dos jovens e adolescentes, eu tenho experiência dobrada nessa área.

Pela minha própria história, e por ser mãe de dois jovens e uma adolescentes. Posso vê-los repetirem muito dos erros que cometi e por conta disso, tento ser a mais compreensiva possível, não com cumplicidade dos erros, mas com misericórdia.

Uma vez que, infelizmente, vejo tantos adultos que ainda estão perdidos, como censurar duramente jovens e adolescentes que biologicamente estão em formação, tanto física quando psicológica e sobretudo emocional.

O grande perigo dessa fase é que às vezes para mostrar o quanto estamos revoltados, com nossas famílias, com a sociedade e principalmente conosco, por não nos aceitar do jeito que somos, achando-nos inadequados, esquisitos e menos que os outros.

Fazemos coisas, entramos em caminhos muitas vezes sem volta.

Eu conheci um jovem que era uma pessoa tímida, que não tinha noção do seu potencial, nesse processo se aproximou de um grupo de amigos, quando se deu conta estava fazendo as mesmas coisas deles, drogas e até crimes.   Como a maioria das pessoas que optam por esses caminhos, ele acabou preso, perdeu 10 anos da sua vida dentro de uma cela fria, imunda e no ambiente de subvida que é o nosso sistema prisional.

Mas infelizmente não acabou por aí, terminado esse período tenebroso de sua vida, voltou ao convívio com a sociedade, começou a trabalhar, constituiu família, contudo numa fatídica manhã, ao levar a sua esposa ao trabalho foi ele assassinado, ou seja, pouco tempo ele teve após sair do cárcere.

Porque eu trouxe essa história baseado em fatos reais? Por que é um exemplo, de escolhas que fazemos na adolescência ou juventude que implicam em toda nossa história, ou até mesmo o pior, faz com que abreviemos os nossos dias e consequentemente destruamos os nossos sonhos.

Eu particularmente também tive algumas escolhas erradas, a que citei acima, de fumar mesmo quando não concordava com cigarro, muitas vezes desviei o caminho da escola, para sair com amigas que não levavam os estudos a sério, e Deus sabe, que um dos prazeres que eu tenho na vida é pelo conhecimento. Mas para fazer parte daqueles grupos, muitas vezes desviei o caminho, indo para bares, shows ou simplesmente ficava jogando conversa fora, resultado, um ano letivo perdido.

Eu percebo que muita gente, principalmente jovens, não tem noção, do prejuízo que é um ano perdido, porque eles não sabem as oportunidades que eles deixam de ter, mais à frente, por não ter concluído o ensino médio.

Em geral um ano perdido em nossa vida faz muita diferença, porque o tempo não volta para consertarmos, precisamos seguir em frente e procurar não repetir os mesmos erros.

Outro dia estava aqui no metrô de Salvador, e me veio uma reflexão, tem pessoas que ficam no vagão do metrô de suas vidas por anos, muitas vezes um vagão de uma vida medíocre, que significa na média, infelizes, insatisfeitas, porém com medo de descer em uma estação necessária e encarar a vida de frente e com esse comportamento mudar a sua história, o nome disso é atitude.

Então um ano perdido na escola ou na faculdade, até mesmo em um curso técnico, seria como ficar rodando no vagão do metrô, perdendo tempo, sem se comprometer consigo próprio.

Voltando para mim, uma das coisas que me arrependo na minha juventude, foi não ter me valorizado como mulher e ter permitido relacionamentos que me machucavam muito mais do que qualquer outra coisa.

Por conta disso tive que criar um filho sozinha, quando era para eu estar entrando em uma faculdade, eu paguei o preço pela minha irresponsabilidade e o meu filho também, e uma coisa que aprendi, é que não escolher também é uma escolha.

Não existe, deixa a vida me levar, já que eu preciso arcar com minhas escolhas, sou eu quem devo fazê-las e com muita cautela e responsabilidade.

Esse tópico do livro foi para deixar claro, que sim, é normal nos revoltarmos nessa fase da nossa vida, quando olhamos a nossa volta e vemos tantas injustiças, às vezes dentro do nosso próprio lar, mas responder a essa revolta, com prejuízo próprio e prejudicando aos que estão ao nosso redor, não é inteligente, não é benéfico e talvez seja irreversível.

CAPITULO 3

OPA! O CALDO ENGROSSOU 

É preciso coragem!
Viver é navegar por
revoltos mares. Se
vivestes sem ousar, já
morrestes em vida.

Rafael de Oliveira Leme

Como havia dito no capítulo anterior, nossas decisões, independente do que as motivam, trarão para nós as consequências referentes a elas.

Com essa gravidez inesperada mudou todo o percurso da minha vida e me vi obrigada a tomar novas decisões para poder administrar esse novo tempo....

3.1. NASCE MEU PRIMEIRO FILHO

Quando eu me vi grávida do meu primeiro filho, foi um desespero, morava ainda com minha mãe e a dificuldade ainda reinava na minha casa, tinha acabado de concluir o ensino médio, como o pai dele que era apenas um colega do grupo de jovens e não queria a criança, por morar com os pais ainda.

Eu me vi com a mão na cabeça, a única coisa que eu sabia é que não poderia tirá-lo, isso para mim não era uma opção.

Foi um dos momentos mais difíceis da minha vida, até Gabriel nascer passei por três casas, uma vez que precisei sair da casa da minha mãe por desavenças, depois fiquei um tempo na casa de uma amiga, depois passa um tempo na casa do meu pai, ufa!!

Já perto do nascimento, voltei para casa de minha mãe.

A experiência de ser mãe pela primeira vez, me trouxeram dois sentimentos muito específicos, primeiro, uma razão para viver, porque apesar de ainda ser jovem eu já tinha muita tristeza no meu interior.

Mas ao me imaginar mãe, me senti viva e útil isso foi muito bom. Só que a realidade era cruel, eu estava grávida, o pai não queria e eu não tinha um emprego, tinha acabado de me formar, então tive que ter muita coragem para seguir em frente, no entanto, apesar de não ter nem 10% do conhecimento da bondade e do amor de Deus que tenho hoje, vi a sua mão me sustentar.

3.2- SAINDO DE CASA

Quando Gabriel fez um ano, consegui um emprego, finalmente as coisas começariam a melhorar.

Só que não, engravidei do meu segundo filho e aí me vi em uma dividida muito difícil, não estava com a minha carteira assinada, porque estava na experiência.

O que fazer? Abraça o emprego para cuidar de Gabriel ou manter a criança no meu ventre e perder o emprego? Confesso que foi um momento muito delicado, mas optei por manter o meu segundo filho no meu ventre e contar a verdade para meus patrões, ao que Deus me honrou e assinaram a minha carteira.

Com isso tomei coragem e sair da casa da minha mãe, não dava para continuar lá com dois filhos.

Foi um momento assustador, me ver sozinha com filho de um ano e grávida de outro filho, no lugar onde não conhecia ninguém. Mas sempre que escolhemos fazer o que é certo, Deus levantará pessoas para nos ajudar e não foi diferente comigo.

Então esse momento da minha vida, quando tinha 22 anos, foi quando aprendi que a vida é um desafio constante, porém se esconder, fugir, não é uma opção inteligente, precisamos encarar os gigantes que se levantam na nossa vida, para que eles mesmo nos promova para um novo nível.

Hoje meus filhos já com 20 e 18 anos, agradeço a Deus por não ter interrompido a minha gravidez, por falta de apoio do pai deles, cometi muitos erros na minha juventude, mas a opção de ter seguido com a gravidez de Gabriel e Lucas, foi uma decisão da qual nunca me arrependi.

E olhe que eles estão em uma fase, delicada, onde não dão a mim o crédito que já deram, mas posso dizer sem dúvida, sou grata a Deus, por ter me presenteado com esses dois garotos, tão distintos um do outro e tão especiais. Gabriel com a postura séria, mas que ironicamente, ama contar piada, um jovem muito visionário, encantador e um grande amigo.

Lucas apesar de ser um pouco distraído e até ingênuo em alguns momentos e áreas da vida dele, é de uma inteligência notável e se destaca pelo seu alto grau de proteção, era difícil alguém encosta em mim quando ele estava por perto.

Tenho grandes expectativas para vida dele, acredito de verdade, de que quando ele se auto descobrir na sua essência, deixará um grande legado para sua geração. Enfim, nasceram, estão crescendo e amadurecendo, e eu me sinto privilegiada, por ter sido o canal para trazê-los a esse mundo, sei porque sei que ainda me darão muitas alegrias.

CAPÍTULO 4

SE ALGUEM ME CONTASSE EU NÃO ACREDITARIA

> Umas das melhores
> coisas da vida
> São as surpresas
> que nos revela.
>
> Marlo Thomas

Se alguém nos contasse de antemão o que iríamos enfrentar no percurso da nossa vida, acho que correríamos, eu particularmente, hoje olho para trás e digo, meu Deus, como eu consegui, enfrentar o desafio de criar dois filhos sozinhas, quando antes não cuidava nem de mim mesmo, mas ainda não era o fim, a história prosseguiu...

4.1 -RELACIONAMENTO

Nunca foi muito boa nessa área, o fato de não me achar interessante ou mesmo especial, fez com que eu permitisse a entrada de pessoas em minha vida que não tinha nada a ver comigo, relacionamentos sem propósito, pessoas que não me enxergava, estava comigo por estar, só para não ficar sem ninguém.

O Padre Fabio de Melo, no livro "Quem me roubou de Mim" ele discorre um pouco, sobre o perigo de não nos conhecermos com clareza.

"Ao identificar o que sou, assumo a legitimidade de minha natureza. Digo o que posso e o que não posso. Por isso o limite é positivo. Ele me proporciona um agir coerente, porque me posiciona a partir do que sou e não do que o outro gostaria que fosse. "

Não era só a pessoa que se aproximava de mim sem proposito, pois, da mesma forma eu agia. Aceitava ficar com alguém, do qual eu não gostava, mentindo para mim mesmo, dizendo estar acompanhada.

Após meus dois filhos, vivendo sozinha no lugar estranho para mim, conheci uma pessoa, que é o pai da minha filha, e pela primeira vez, tive um sentimento real por alguém.

Uma situação nova para mim, para agravá-la, ele também era como eu, não era resolvido nessa área, e com isso aconteceu um choque de realidade.

A minha insegurança, fruto da falta de identidade, baixo auto estima, tomou uma proporção, nunca atingida antes, muitas brigas, fruto de desrespeito, o qual aceitei por muito tempo, anos a fio, por achar que não poderia ficar sem ele.   Mal sabia eu, que só estava me destruindo pouco a pouco.   Graças a Deus, chegou o momento em que eu disse basta, primeiro para as minhas emoções em conflitos, depois para minha dependência emocional e por fim para ele mesmo, nessa ordem.

Porque não adianta dizermos não para alguém que não nos valoriza, quando dentro de nós a situação não foi resolvida.

Sobre essa questão de entender o nosso valor, o livro citado acima, traz um trecho interessante, quando aborda o momento em que o sequestrador expõe o valor do resgate, e o medo se apodera da vítima, uma vez que dúvida, se realmente vale aquele preço aos olhos das pessoas.

"O valor estabelecido pelos sequestradores é comunicado aos que se interessam pela vida sequestrada. As negociações têm como único objetivo a tentativa de trazer de volta o que fora levado, preservando-lhe a vida e a integridade. A pessoa sequestrada, que até então foi vítima dos sequestradores, agora também está entregue nas mãos daqueles que compõem o seu horizonte de sentido, diferente, mas continua vítima. Eles decidirão o que fazer; decidirão como pagar, como negociar. É o momento em que a pessoa é exposta ao peso e à medida do seu valor".

É fato que, a depender do nível de sentimento que temos por alguém, será uma decisão difícil e dolorosa, e que mesmo depois que dissermos basta, haverá um período de adaptação, semelhante a abstinências, mas passa, e depois vale muito a pena. Porque entre alguém que não te ama e você, escolha você. Simples assim.

O sentimento continuará vivo no início, o que só vai se desfazer com o tempo, na proporção que o seu amor próprio crescer, essa perda, se é que podemos chamar de perda, vai se desfazendo e será muito mais fácil, conviver com o fim.

Não estou falando aqui, para casados ou mesmo, pessoas com uniões estáveis, por que nesses casos, eu Simone, aconselho que seja feito o máximo possível, dentro do limite do respeito próprio, para que não seja desfeito.

O meu relacionamento não era oficial, nem se quer uma união estável, a única coisa estável que havia, era o meu sentimento e o sonho de que tudo desse certo.

Contudo, já diz o ditado, quando um não quer, não há o que fazer.

Mas posso dizer hoje, que apesar de não ter tido o fim que eu esperava, é muito bom estar livre de um sentimento e um relacionamento, que só me trazia danos e aumentava a confusão na minha identidade, por isso, digo com muito alívio, eu não perdi nada, principalmente quando somos invisíveis aos olhos da pessoa que amamos, se ele não nos enxerga, não vale a pena estarmos ali.

4.3- MINHA TERCEIRA FILHA NASCE.

Apesar da história que contém do relacionamento frustrado, não foi de todo ruim, uma vez que teve um fruto, muito precioso, que valeu toda dor, chamada Raissa Beatriz.

Sempre tive um sonho de ter uma filha, desde minha primeira barriga, apesar de que, quando os meninos nasceram, me apaixonei por eles e até hoje sou apaixonada, me sinto protegida quando eles estão perto de mim.

Raissa é uma menina peculiar, que não digo isso porque sou a mãe, pois todos que a conhecem, e dão a ela a oportunidade de se mostrar, como de fato ela é, se apaixona também.

Uma das maiores características dela é alegria e atitude, desde pequena, foi uma grande força na minha vida.   Confesso que, não a pude aproveitar como deveria, assim como os seus irmãos, visto que, era um fardo muito pesado, criar três filhos sozinha, com uma vida financeira escassa, sem saber quem de fato eu era e como se não bastasse, dentro de um relacionamento conturbado.

Literalmente, não os vi crescer. Mas tem uma coisa que eu me alegro muito, consegui construir com ela a amizade que sempre quis ter com a minha mãe e não consegui.

Se eu disser que é sempre tudo mil maravilhas, vou estar mentindo, mas posso dizer com toda convicção, quando estamos bem é bom demais.

Ela é minha melhor amiga, hoje já é uma adolescente, mas para mim é a minha Bia.

CAPITULO 5

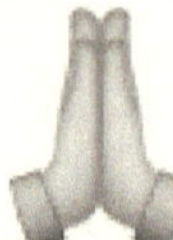

FOI O SAMARITANO FOI.

> Assim como um pai
> se compadece de
> seus filhos, assim o
> Senhor se
> compadece
> daqueles que o
> temem.
> Pois ele conhece a
> nossa estrutura;
> lembra-se de que
> somos pó.
>
> Salmos 103:13,14

5.1- QUANDO PENSEI QUE ERA O MEU FIM

No meio de tantas situações, que iam além das minhas forças, percebi que sozinha eu não iria conseguir.

Uma certa manhã, depois de um momento de tristeza com a pessoa que eu estava na época, o qual foi o único homem que eu amei. Senti uma força me levantar da cama e caminhei em direção ao quintal da casa que morava, chegando lá, só consegui falar: Senhor entra na minha vida, porque eu não aguento mais chorar.

De uma forma sobrenatural dali em diante, algo inexplicável aconteceu, eu queria ouvir hinos, louvores e um desejo estranho de ler a Bíblia que nunca tive antes dessa experiência.

Sem dúvida, dali em diante, nunca mais fui a mesma, e o fardo começou a ficar mais leve, por que está escrito:

" 28 Vinde a mim, todos os que estais cansados e oprimidos, e eu vos aliviarei.

29 Tomai sobre vós o meu jugo, e aprendei de mim, que sou manso e humilde de coração; e encontrareis descanso para as vossas almas.

30 Porque o meu jugo é suave e o meu fardo é leve.

Mateus   11:28-30

E verdadeiramente foi isso que aconteceu, porque eu senti a partir dali que eu tinha alguém por mim e por meus filhos também.

É uma ilusão acreditarmos que sem Deus podemos fazer alguma coisa, porque existe um vazio em nós do tamanho de Jesus, que nada pode preencher, nem dinheiro, nem uma pessoa, por mais que amemos, nem mesmo nossos filhos, podem preencher esse vazio.

Dali em diante minha vida começou a fazer sentido, ter propósito, e de forma lenta e silenciosa, a questão de identidade, começou a vir à tona.

Uma das Maravilhas de ter comunhão com Deus, através de Jesus, é que Ele nos mostra o quanto somos valiosos, e nos provou isso, morrendo por nós em uma cruz, eu creio nisso sem titubear.

Quando Comecei a ler as escrituras, ficava me questionando, porque tenho que aceitar a vida que estou levando, se aqui na palavra de Deus, fala de tantas Maravilhas, Justiça, paz e alegria.

E eu me via naquela situação, de injustiça, tribulação e tristeza, de tal forma, que afetavam os meus filhos.

Quantas vezes minha menina precisou me levantar de um estado deplorável e depressivo, por tantas humilhações e frustrações. Esse era o meu papel, fortalecer os meus filhos, mas antes de Cristo entrar no meu coração, eu me resumia a um destroço em forma de pessoa.

Depois dele, e apesar da minha lentidão em mudar, comecei a ver a vida com outros olhos e o melhor de tudo, comecei a me enxergar com um olha de misericórdia e de descoberta, por quê naquele momento as escamas dos meus olhos começaram a cair.

E embora tenha sido um processo vagaroso, por causa da minha dificuldade em aceitar o amor de Deus, como o Pai que Ele é, já não sou, nem de longe, aquela mulher de 17 anos atrás e tenho certeza, que o fato de hoje ter coragem, e conteúdo para escrever um livro, ainda é resultado daquele maravilhoso dia, naquela manhã de sábado.

5.2- NÃO ESTOU MAIS SÓ.

Outra Maravilha que aquela experiência me trouxe foi, a certeza de que eu nunca mais estarei só.

Antes, a minha vida era mendigando por atenção, amor, aceitação e autoafirmação de pessoas que estavam tão perdidas quanto eu, tão carentes quanto eu, tão feridas quanto eu, ou seja, um cego guiando o outro.

Se eu disser que foi automático, estarei mentindo, porque a rejeição era algo tão inerente a mim que custou, me desvencilhar dela, mas de uma coisa eu sabia, o fato das pessoas me rejeitarem ou parecer rejeitar, não mudava o valor que eu possuía.

O processo foi conseguir externar aquilo que já estava claro no meu coração, era um conflito, porque eu pensava de uma forma e agia de outra, mas a presença real de Jesus na minha vida, foi a força decisiva e suficiente para que eu pudesse entender e buscar com toda minha força a verdade de que eu era, eu sou, nós somos especiais e que quando, damos a ele a oportunidade de cuidar de nós, de abrir os nossos olhos, tudo começa a mudar e temos a condição de encontrar nossa a verdadeira identidade.

Uma vez que encontramos, esse tesouro que é a nossa essência, nunca mais aceitaremos sermos outra pessoa, nem mesmo por amor a alguém, por que o amor por outra pessoa, limita-se ao meu amor próprio, quem aprendeu a se amar, não mais irá se anular por causa de ninguém.

Foi a presença de Deus, foi o cuidado de Deus e a certeza de que não estou sozinha e nunca mais estarei, que me deu condição de enxergar o que antes eu não enxergava, é uma experiência única e não existe palavras que a possa expressar.

CAPITULO 6

___

BATEU CANSACO 

> Todos têm um limite,
> e eu me sinto
> Tão cansado e
> exausto mentalmente
> que me preocupo se o
> meu já não se
> acabou.
>
> FAYE

A minha experiência única e incomparável na minha vida espiritual, não impediu que o desanimo batesse. Mesmo porque, por muitas vezes fraquejei na minha fé, deixando de olhar para Deus em muitos momentos o que deixo o fardo mais pesado ainda.

Chega um momento que paramos e olhamos em volta, para ver o que fizemos e o que construímos, quando fiz isso aos meus 42 anos de idade, fui obrigado a encarar a realidade.

Pasmem, muitos fogem disso, como o diabo da Cruz. Enfim, na minha análise cheguei a triste conclusão que estou no meio de vários ciclos abertos, um mosaico sem forma, um quebra-cabeça incompleto, confesso que sim, construir algumas coisas importantes, contudo, não conclui boa parte delas.

Meus filhos, posso dizer que estão criados, já que a caçula caminha para os 17 anos, porém não os vejo felizes, ao contrário, estão confusos e a nossa relação ficou muito distante. Sei que a juventude e adolescência costuma trazer conflitos, mas esperava que passássemos essa fase juntos, como sempre foi, hoje estou mais tranquila a esse respeito, sei que não é o fim, e sim um momento, uma fase.

Mas o quadro me trouxe cansaço emocional.

Consegui realizar o sonho de me formar em Direito e no ano da formatura, por um milésimo de segundo, não peguei a minha carteira da Ordem dos Advogados, e desde então, há 2 anos, tenho buscado isso, o que é desafiador e exige muito esforço, mais emocional do que psicológico e intelectual.

Você se prepara para algo, investe expectativa, tempo e renúncias, quando chega o dia, nada, o pior, bate na trave. Você pode estar pensando, isso é falta de estudo, vou te dizer, quem me conhece sabe que não é.

E aí você tenta de novo e de novo, você precisa tirar força de onde não tem para continuar acreditando e isso é cansativo também.

E no caso do Direito, pouquíssimas ou nenhuma são as opções de trabalho, além de advogar e concurso, ou seja, você fica meio que vagando, cheio de conhecimento sem poder utilizar.

O que me ajudou muito nesse processo de cansaço, foi começar a ouvir um homem, chamado JB Carvalho, ele é o diretor e bispo da igreja, comunidade das Nações, com sede em Brasília DF, e dentre muitas coisas que ele aborda de forma rica e completa, está a metanoia, que é a mudança de mentalidade.

E ouvindo ele discorrer sobre isso, comecei a perceber, que não era remoendo as minhas decepções e frustrações que eu iria sair delas, ao contrário, essa atitude de coitada e vítima me trouxe até aqui.

Quando sofremos uma metanoia, segundo ele, mudamos radicalmente a nossa forma de ver as circunstâncias e sobretudo, a nós mesmos, é um momento único de descoberta que pode virar a nossa vida de cabeça para cima.

A nossa forma de ver as coisas, as pessoas, a realidade e a nós mesmo, determina onde chegaremos ou permaneceremos.

Quando decidi colocar em prática os ensinamentos revolucionários desse homem de Deus, muita coisa começou a fazer sentido, e o cansaço que era praticamente uma estafa, uma vez que, nunca tive uma vida sem desafios e dores, foi pouco a pouco se desvaindo, dando lugar há uma força, até então adormecida, como uma leoa que dormia entre as galinhas, por não saber quem era.

A metanoia foi o começo da minha busca por identidade e a determinação de compartilhar essa descoberta com o máximo de pessoas que eu puder, enquanto vida tiver.

CAPÍTULO 7

A PROCURA DE MIM 

> Identidade.
> Autenticidade.
> Particularidade.
> Exclusividade.
> Quem não tem essas
> coisas, escorre pelos
> ralos e Bueiros dessa
> vida.
>
> Murilo Leal

O bom das crises de identidade é que normalmente após elas, tomamos algumas atitudes bem importantes, que se torna um divisor de águas na nossa vida, e assim aconteceu comigo.

7.1 - Quem sou eu.

Há alguns anos, assistir um filme que na época, por não ter esse entendimento sobre identidade, apenas achei engraçado.

O nome do filme é "Diário de uma Baba", no enredo, a atriz principal era uma jovem recém-formada numa faculdade nos Estados Unidos, no curso de antropologia, e quando foi para a sua primeira entrevista de emprego, para a sua surpresa, a pergunta que a entrevistadora fez foi:

Quem é Anne Braddock? Ou seja, a representante da empresa queria que ela falasse quem ela era como pessoa, indivíduo singular e o único.

A atriz ficou paralisada, uma vez que não temos o costume de falar quem somos, mesmo porque, algumas pessoas nem mesmo sabem quem são.

Resumo do filme, a atriz que foi buscar a vaga de emprego, saiu correndo da sala de entrevista sem conseguir dizer uma só palavra. Indico esse filme, muito interessante.

A questão é, eu não sou o que faço, eu não sou a mãe, a esposa, etc. Esses são meus papéis, eu sou de fato a minha essência, o que há de mais profundo e original dentro de mim, aquilo que gosto de fazer e priorizo quando ninguém me ver.

Se autodescobrir é uma jornada, que requer coragem porquê nos depararmos com os nossos defeitos mais vergonhosos e que tentamos esconder, ao invés de reconhecê-los, analisá-los e buscar uma forma de tratá-los.

No entanto, conhecer-se nos leva a descobrir as riquezas escondidas que existem em nós, os nossos talentos e habilidades, nossa convergência, aquilo que fazemos com maestria, prestar atenção em nós.

Gente isso é mágico porque você se apaixona por você mesmo e descobre que não precisa parecer com ninguém, porque é único, especial, é top.

Esse despertar por me auto conhecer, aconteceu quando percebi o quanto eu estava infeliz com a minha vida, e que boa parte dessa infelicidade se dava, porquê vivi a maior parte da minha vida para agradar aos que me rodeavam, família, sociedade, amigos ou mesmo um autoengano, fingindo ser quem nunca fui e negando características exclusivas e especiais minhas, como também as mazelas que precisavam ser tratadas.

O grande perigo de não ser original e autêntico, é morrer mesmo estando vivo, por que você de fato não existe, uma vez que, criou um personagem para poder ser aceito e até mesmo porque não gosta de si próprio.

Durante a minha vida, abafei os meus traumas, as minhas inadequações, as minhas inseguranças e os meus sonhos, porque na minha ignorância pensava que seria menos doloroso. A questão é, uma ferida abafada tem alguma condição de ser curada? Ou infecciona?

Existem muitas pessoas infeccionadas no mundo, apenas por não encararem de frente as suas dores, traumas e medos. A respeito disso, se posicionou muito bem, a psicóloga, Susan David, no seu livro, Agilidade Emocional.

"Olha de frente não é um exercício heroico dá vontade, mas é simplesmente olhar nos olhos dos nossos atormentadores e dizer: muito bem. Você está aqui e eu estou aqui. Vamos conversar. Como sou grande o bastante para conter todos os meus sentimentos e experiências passadas, sou capaz de aceitar todas essas facetas da minha existência sem ficar arrasado ou aterrorizado. "

A infância é o momento que nosso caráter é formado, éramos como uma folha em branco e o ambiente em que vivemos e as pessoas que nos criaram formaram a base do que somos.

Mas tem uma boa notícia!

Podemos mudar, se quisermos e apagar o que de errado escreveram e reescrever o que de fato queremos para nossa vida.

Você não é Gabriela, ainda que esse seja seu nome. A letra da música é assim: Eu nasci assim, eu cresci assim, vou ser sempre assim, Gabriela.

Não, não e não!

Todos os dias é uma oportunidade de fazermos algo novo.

7.2   O Medo que nos paralisa.

"Nosso medo mais profundo não é o de sermos inadequados. Nosso medo mais profundo é que somos poderosos além de qualquer medida. É a nossa luz, não as nossas trevas, o que mais nos apavora.   Nós nos perguntamos: quem sou eu   para ser Brilhante, Maravilhoso, Talentoso e Fabuloso?

Na realidade, quem é você para não ser? Você é filho do Universo. Se fazer pequeno não ajuda o mundo. Não há iluminação em se encolher, para que os outros não se sintam inseguros quando estão perto de você.

Nascemos para manifestar a glória do Universo que está dentro de nós.   Não está apenas em um de nós: está em todos nós.

E conforme deixamos nossa própria luz brilhar, inconscientemente damos às outras pessoas permissão para fazer o mesmo.

E conforme nos libertamos do nosso medo, nossa presença, automaticamente, libera os outros."

Nelson Mandela.

Esse é um pensamento de Mandela, um homem que foi até

as últimas   consequências para ser ele mesmo e defender suas
convicções.   O medo de colocar para fora a nossa essência,
tudo que somos e podemos nos tornar, é um mal que fazemos a
nós e aos que nos observam, pense o legado que esse homem
deixou para seus filhos e netos, por ter enfrentado os seus
medos e lutado pelo que acreditava a despeito do que diziam
dele.

Ficou 27 anos preso por um ideal, não se rendeu. A triste
realidade, é que na maioria das vezes, ocorre o contrário,
ficamos presos, mas é dentro de nós mesmos, matando nossas
convicções, nossos valores e sonhos por medo.

No entanto este homem que deixou sua marca na história,
saiu das celas sujas de uma prisão, para o governo de um país,
mantendo seus   princípios, uma vez que, não se rendeu a
pressão de ser inadequado e rejeitado por muitas pessoas.

Dentro dessa verdade posso te afirmar, procure no seu
íntimo suas convicções mais profundas, seus sonhos mais
ousados, seus talentos, suas feridas também e traga os para
fora, organize tudo e lute para que tudo saia do campo das
possibilidades, para se tornar uma realidade e que suas feridas
saradas, sejam um sinal de superação.

Saia da cela suja do seu esconderijo e vá para o governo da
sua vida. Então você pode me dizer: a Simone, e como vão

reagir, e se ninguém me amar ou me aceitar? Vou te dizer, se você vive uma vida onde você tem mil seguidores no Instagram e 2000 no Face book, uns 30 amigos reais e é muito popular.

Contudo, não é quem realmente gostaria de ser, não é a sua essência, a versão real de você mesmo, lamento dizer, você está em apuros!!

Nosso rosto é a nossa essência, Nossa identidade com beleza e defeitos, a maquiagem e o disfarce que fazemos para encobrir as imperfeições e também parecermos melhor do que nos achamos ser.   Trazendo isso para a proposta do livro, o que é a busca por nosso verdadeiro eu, farei uma pergunta inevitável, alguém pode ficar o tempo todo maquiado, 24 horas por dia, 365 dias no ano?

Seria loucura. Danos irreparáveis na pele e consequentemente a anulação da sua real aparência. Assim somos nós quando não aceitamos quem de fato somos, ou pior, quando nos perdemos de nós mesmos, por ter se escondido atrás das máscaras da aceitação.   Para exemplificar esse ponto, maquiagem, lembrei agora de outro filme, risos.

"Diário de Uma Paixão", um dos meus favoritos, fala de um casal que se amavam desesperadamente, só que a jovem era muito rica e o rapaz muito pobre, e a mãe da jovem, tanto fez, que conseguiu levá-la para bem longe dele, e todas as cartas que ele mandou por sete anos, a mãe dela se antecipava e escondia.

Até que um dia ela viu a foto dele no jornal, porque estava vendendo sua casa, nesse momento ela já estava noiva de outro, prestes a casar, mas quando lê o jornal, imediatamente decidi voltar na cidade que esse amor antigo morava, e não deu outra, ficaram juntos naquele final de semana.

E nesse ínterim, ela viu na casa dele, uma tela de um quadro em branco, já pronta para pintar no suporte, com banco na frente da tela. Ao ver esta tela, ela exclamou: Ô quanto que eu não pinto um quadro, e eu amo pintar!!

O ponto aqui é, o que você ama fazer e há muitos anos não faz? Por que não é tão popular, imagina o que vão dizer, convive com alguém que desaprova esse hobby seu, etc.

Isso é perda de identidade, largar o que eu amo, o que me completa, o que me define, só porque alguém não aprova, porque vão me chamar de idiota ou coisa parecida. Não deve ser assim!

Faça o que gosta, seja você e quem não aprova que dane-se!!. Tem muita gente que nos poda, pelo simples fato de nunca ter tido coragem de ser autêntico e não suportará ver alguém ser não aceite isso. E quanto ao final do filme, assista risos.

7.3- Quebrando protocolo e Buscando Restauração.

Nossa sociedade é cheia de protocolos, que devemos ser assim e assado, que tal coisa está na moda ou fora de moda, fulana está velha para isso, no meu tempo era assim blá blá blá.

Não precisa ter um molde, partindo do princípio básico de que cada cabeça é um mundo, às vezes o que é bom para mim, não te agrada ou vice-versa.

As mulheres sofreram e sofrem uma grande carga de cobranças, parece que todos os olhos se voltam para nós, então pisamos em ovos. Se uma mulher tem 40 anos como eu, e não casou, vixe!!!

E olhe que os tempos mudaram muito, mas o preconceito fica escondido atrás das cortinas. Se uma mulher de meia-idade decidir fazer uma faculdade, é raro não aparecer uma criatura para dizer: agora fulana?

Esses foram só alguns exemplos, para esclarecer que se você quiser fazer o que você ama, será como desbravar o mar revolto, e muitas, não poucas pessoas, começam e não suportam finalizar por conta da pressão.

Os protocolos, os modelos prontos, aquilo que é tradicional é natural é cômodo, mas tem sufocado muitos sonhos lindos, poderosos e necessários.

Pense em Steve Jobs, o criador do iPhone, no filme da sua biografia, diz que ele era mal visto na faculdade, como alguém relapso, na verdade, o que havia dentro dele, era maior.

Eu imagino, o que tem dentro de você, guardado há anos e que você até considera há possibilidade, de nunca tentar trazer para fora.

O que você se imagina fazendo e depois diz: não, não vai dar certo. Buscar a restauração diz respeito a retirada do que não cabe mais na minha história, aquilo que me anula, me limita, me rebaixa ou até mesmo me destrói.

Uma vez que removo esses danos, sobra espaço para aprimorar os meus dons, talentos, habilidade, sonhos, minhas características mais profundas e únicas que me faz diferente de todo mundo.

Nessa diversidade de personalidade é que se esconde a beleza da vida, se fossemos todos iguais, seríamos robôs máquinas sem afeição, sem detalhes encantadores, seria terrível.

Sua essência, sua particularidade são a sua maior riqueza, não se esconda, o mundo precisa de você.

7.4- O poder da coragem

No evangelho de Lucas no Capítulo oito, conta a história de uma mulher que sofria de uma enfermidade há 12 anos, isso não era a identidade dela, era uma situação da vida dela.

Ela não se resumia em uma mulher doente. Contudo, essa situação roubou 12 anos da vida dela, assim como suas finanças, sonhos, e até mesmo sua dignidade, pois na época uma mulher que tinha hemorragia não poderia estar no convívio da sociedade, era excluída.

O texto conta, que Ela ouviu falar de um homem que curava, e diante disso se posicionou, e determinou no seu íntimo:" Não quero mais essa vida, quero ser tudo que nasci para ser, basta". (Acréscimos meus).

Então uma vez que, identificou a solução, foi em busca da mudança, continua o texto dizendo, que ela foi e enfrentou a multidão, até que, tocou nas vestes e sua atitude de coragem trouxe para ela uma nova história.

E é dessa forma que acontece, eu tenho observado que as pessoas têm uma predisposição de lamber suas feridas.

Eu tenho uma habilidade de ouvir, e por conta disso, sempre me deparo com pessoas que gostam de contar suas histórias, principalmente quando encontra alguém que as ouçam.

A questão é, que ficam relembrando e remoendo as coisas que deram errado ou pior, que no momento estão dando errado, por quê o que passou, passou, mas o meu hoje tem jeito.

E normalmente quando termino de ouvi-las, faço a seguinte pergunta: sim, e o que tem feito para mudar essa realidade ou mesmo consertar algo do passado? Ao que normalmente ouço desculpas e justificativas fracas de quem não tem coragem para mudar sua história, ainda que a odeia.

Isso é lamentável, no mínimo um desperdício de vida e digo isso com convicção porque por que já vivi desse jeito, finalizo esse tópico com pensamento meu, original, risos.

"Pense em quantas pessoas que você conheceu e já partiram, umas até jovens, pense em quantos abortos já existiram só no nosso país, partindo desse princípio eu chego a seguinte conclusão. Já que estou viva, tenho a obrigação de fazer a minha vida valer a pena ".

7.5- Aquilo que não te matou, te deixou mais forte.

" Vamos enfrentar muitos circos na vida. Pagaremos por nossos fracassos. Mas, se perseverarmos, se deixarmos que esses fracassos nos ensinem e nos fortaleçam estaremos preparados para enfrentarmos os momentos mais difíceis."

William H. Mcravem.

Esse é um trecho do livro, "Arrume sua cama", esse livro que li recentemente no início de janeiro de 2020, escrito por um oficial da Marinha dos Estados Unidos, é sobre a trajetória dele no tempo do recrutamento.

Nesse capítulo do livro, que destaquei acima, ele relata sobre o momento que denominou, circo, que era um tipo de punição para aqueles que não obtiveram êxito suficiente no treinamento do dia.   Essa punição acontecia com acréscimo de mais 2 horas de exercício O que tinha por consequência, um desempenho pior no dia seguinte, visto que, ficavam exausto.

Por conta disso, essa punição se estendia por dias, como uma bola de neve.

Acontece que o autor relata, que após os seus corpos terem sido extremamente exercitados e apesar das dores inevitáveis, eles se tornavam muito mais fortes e ágeis nos mergulhos, e isso fez com que, próximo a formatura, no treino final, eles ganhassem em primeiro lugar com folga, ele e o seu companheiro.

 O que isso nos ensina afinal?

Uma vez que encaram os meus fracassos, frustrações, fraquezas e medos, de frente, com atitude coragem, eles serão como pontes, que nos levará muito mais longe, do que iríamos antes de sermos desafiados.

Os aparentes desafios intransponíveis que nos assolam, na verdade, são oportunidades de externar uma força que desconhecíamos até aquele momento.

Vou compartilhar uma experiência que tive no final do ensino médio no terceiro ano, onde o diagnóstico ao meu respeito era reprovada... Naquele ano, em 1998, eu tinha sido péssima na matéria estatística, durante todo o ano, o que me colocou na recuperação direto.

Porém como era o último ano, teria a festa da formatura e tinha que dar o dinheiro para os preparativos, foi no centro de convenções de Salvador-Bahia, onde nasci, então fui na diretoria e perguntei: caso eu não passe, vocês devolveram o meu dinheiro, já que não irei participar da formatura?

Ao que me responderam um sonoro não. Parei, pensei, calculei, meditei e decidir... vou passar!!

Nos dias que antecederam a prova final, cheguei na escola um turno antes das aulas e mergulhei em estatística, aprendi em duas semanas o que não consegui em um ano.

Resumo da Ópera, passei com nove e só pude me informar em Direito anos depois, porque tinha meu ensino médio completo, porque vou dizer, perder de ano no terceiro ano do ensino médio é doloroso e tem gente que nunca mais conclui.

Porque contei essa história? Porque eu não deixei a estatística me parar, matar meus sonhos de fazer uma faculdade, eu a matei com nove tiros de canhão.

Se você está viva, é porque suas lutas e desafios, não te mataram, logo, você deveria usá-los para serem escadas.

Penso que alguém que está vivo, mas não luta pelo que acredita ou sonha, literalmente é como um zumbi, morto vivo.

Isso é triste, cada ser humano é uma riqueza em potencial, como uma semente, só precisa de uma boa terra, de alguém que acredite que ela pode brotar, crescer e dar fruto. Se até hoje você não achou ninguém que acreditasse em você, que tal ser o primeiro? Lembre-se aquilo que não te matou, o tornou mais forte.

7.6 - Você é linda(o) demais.

Quando digo que você é linda(o) e que também eu sou linda, estou falando de algo que vai muito além da beleza física, muito além, porque esse tipo de beleza diz muito pouco sobre nós, por mais belas(os) que sejamos fisicamente.

A sua beleza está escondida dentro de você.

Ela tenta sair nesse sorriso que você pondera, ela tenta sair, quando você quer dizer algo que tem certeza que é o correto, mas se cala ao temer as consequências.

Ela tenta sair, quando você quer dizer não a um abuso sexual ou verbal, mas por medo do companheiro(a) partir e nunca mais voltar você se cala.

Ela tenta sair quando seus olhos brilham ao ouvir falar de uma causa grande, que vai ajudar muita gente e que você se imagina fazendo parte disso, quando ver a foto de um país que amaria conhecer, mas se acha incapaz de conseguir ir tão longe.

Quando seu coração bate forte quando vê na televisão uma profissão, que sempre foi o seu sonho, mas por ser algo tão grande aos seus olhos, você preferiu abortar, deixar que seus filhos façam.   Você é linda mulher, porque quando Deus nos criou o homem e a mulher, Ele disse é muito bom.

Ô como quero que nessa altura do livro, você pelo menos já tenha começado a repensar seus conceitos e no mínimo começado a se questionar: quem de fato sou eu? Será que me perdi no percurso? Será que o medo de não ser aceita, fez com que eu criasse uma personagem? Será que o medo de não ser amada(o), roubou de mim um amor próprio?

Será que algum dia eu me conheci? Se pelo menos essas perguntas começarem a rodear sua mente, depois desse livro, para mim já vai ter valido a pena, porque muitas mulheres que você conhece, poderão nunca ler este livro, mas se você fazer valer esse conhecimento que chegou em suas mãos, elas leram a sua vida e serão iluminadas e libertas pela luz que surgiu em você.

Você é linda(o), você é completa(o) em si mesmo, você é necessária(o), você é original, você é encantadora(or), você vale a pena!

Eu descobri isso ao meu respeito e é isso que penso a respeito de todas as mulheres e de todo ser humano em geral. E você, o que pensa a seu respeito? Essa aí fui eu, e quem sabe, na minha procura por mim, em algum momento desse livro você se encontrou.

CONCLUSÃO

Essa obra teve a intenção de trazer a consciência a todos aqueles que me deram o privilégio de ler o conteúdo aqui exposto, de que todo ser humano é singular e especial. Confesso que ela está um tanto inclinada para o público feminino, primeiro por ser mulher e segundo por que é uma classe muito injustiçada, entendo que, já foi muito pior, contudo, ainda muito a se corrigir.

Resgatar a identidade é uma necessidade Vital, sem a qual a pessoa corre o risco de nunca ter vivido de fato, apenas existido, sendo a cópia de outra pessoa, privando do mundo a riqueza da sua essência.

Eu me propus a escrever porque entendo a injustiça de se viver à sombra do que verdadeiramente somos ou mesmo, tentando copiar alguém e ainda pior criando uma personagem que nunca existiu de fato e com isso escondendo o tesouro inestimável que se é.   Realmente espero que esse livro possa ter trazido clareza a você que chegou até aqui e que daqui para frente você se recusa a se esconder atrás de qualquer coisa, pessoa, situações, vícios ou ostentações, para que, com isso, não apague o brilho sem igual que existe em você.

Não nos prive da sua riqueza. Encontre-se.